MÉTHODES INSTRUMENTALES

traduit de l'anglais par Cédric Barth

Basse 2

INTRODUCTION

Pourquoi avoir acheté ce second volume ?

Vous l'avez acheté parce que vous prenez plaisir à jouer de la basse. Et nous en sommes heureux – c'est un bel instrument !

Nous supposons que vous avez déjà lu (et relu quelques centaines de fois) **FastTrack™ Basse 1**. Si ce n'est pas le cas, nous vous conseillons de commencer par là. (Ça nous embêterait d'aborder des notions pour lesquelles vous n'êtes pas encore prêt.)

En tout cas, cette méthode reprend les choses là où le **volume 1** les avait laissées. Vous allez apprendre beaucoup de nouvelles notes, quelques gammes et riffs, ainsi que de nombreuses techniques très utiles. Et, bien sûr, la dernière section de tous les **FastTrack™** est la même afin que vous puissiez former un groupe avec vos amis et faire un bœuf !

Alors si vous vous sentez toujours prêt à vous lancer dans cette méthode, finissez votre pizza, sortez le chat, débranchez le téléphone, et allons-y pour une jam...

Ayez toujours à l'esprit les trois règles d'or : être **patient**, s'exercer, trouver son **rythme**. Nous en ajouterons une quatrième à la liste : soyez **fier de vous** quand vous avez réussi quelque chose.

À PROPOS DU AUDIO

Nous sommes heureux que vous ayez remarqué le bonus qui accompagne cette méthode – pistes audio ! Tous les exemples musicaux du livre se retrouvent sur le audio pour que vous puissiez les écouter et vous en servir comme accompagnement quand vous serez prêt. Ecoutez le audio chaque fois qu'apparaît le symbole :

Chaque exemple du audio est précédé d'une série de clicks qui indique le tempo et la mesure. Le audio a par ailleurs été enregistré avec différentes sortes de guitares et de grooves.

Sélectionnez le haut-parleur de droite sur votre chaîne stéréo pour écouter plus particulièrement la partie de guitare ; sélectionnez le haut-parleur de gauche pour écouter seulement l'accompagnement. Quand vous serez plus sûr de vous, essayez de jouer la partie de guitare avec le reste du groupe (l'accompagnement).

Pour y accéder, utilisez l'adresse suivante:
www.halleonard.com/mylibrary

6779-3421-9681-5073

ISBN: 978-90-431-0369-5

HAL•LEONARD®
7777 W. BLUEMOUND RD. P.O. BOX 13819 MILWAUKEE, WI 53213

LEÇON 1
Entrez dans la danse !

Commençons par quelque chose de facile et d'amusant : jouer des grooves de base qui utilisent de nombreux éléments vus dans le volume 1. Evitons bien sûr de nous répéter – la révision de certains vieux concepts sera également pour nous l'occasion d'en introduire quelques nouveaux. Allons-y...

La ligne de basse fondamentale...

Comme nous l'avons vu dans le volume 1, beaucoup de lignes de basse suivent simplement les notes fondamentales de la progression d'accords. C'est ce que vous allez faire dans le morceau n°2.

RAPPEL : La note fondamentale est celle qui donne son nom à l'accord. Do est la fondamentale de l'accord de Do (« C »). Pour trouver le nom de l'accord à partir de son symbole, ayez en tête le tableau de correspondance ci-dessous :

Symbole de l'accord :	A	B	C	D	E	F	G
Nom et fondamentale de l'accord :	LA	SI	DO	RÉ	MI	FA	SOL

◆2 All Along the Sidewalk

La quinte et l'octave en plus...

En plus de la fondamentale, on ajoute souvent la **quinte** et l'**octave** pour créer une ligne de basse standard. (Encore une fois, après le volume 1, ce n'est pas quelque chose de nouveau pour vous !)

◆3 It Used to Be Mine

Vous vous rappelez du concept rythmique de jeu « à contretemps » ? Voici un riff qui utilise la syncope...

REMARQUE : L'indication « N.C. » dans l'exemple ci-dessous est une abréviation pour « no chord » (« pas d'accord »). Comme vous vous en doutez, elle signifie qu'aucun accord spécifique n'est à jouer.

4 S.O.S.

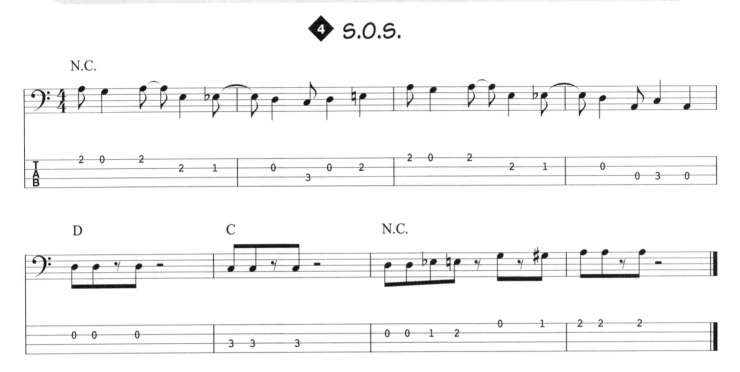

Accords avec slash

Ce sont des accords qui indiquent une note de basse spécifique à jouer. Par exemple, C/G signifie de jouer un accord de Do (« C ») sur la note de basse Sol (« G »). (Le groupe joue l'accord, vous jouez la note de basse !)

VITE FAIT, BIEN FAIT : Quand vous voyez un slash dans un symbole d'accord, jouez la note à droite du slash.

5 Nuancé

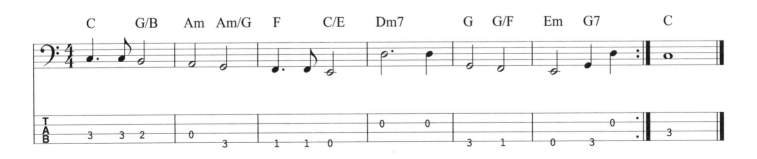

Toutes les notes ne devraient pas être jouées de la même manière. Alors voici quelques variations...

Staccato

Un « point » de **staccato** placé au-dessus ou au-dessous d'une note signifie qu'il faut jouer cette note de façon courte. En d'autres termes, relâchez la pression sur la case du manche immédiatement après avoir joué la note, de manière à ce qu'elle ne résonne pas. Ecoutez le morceau n°6 pour vous faire une idée.

❻ Détaché

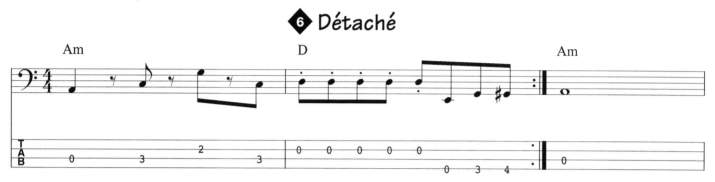

☞ CONSEIL : N'enlevez pas votre doigt de la corde ! Cessez juste de faire sonner la note en relâchant la pression sur la corde.

Cordes étouffées

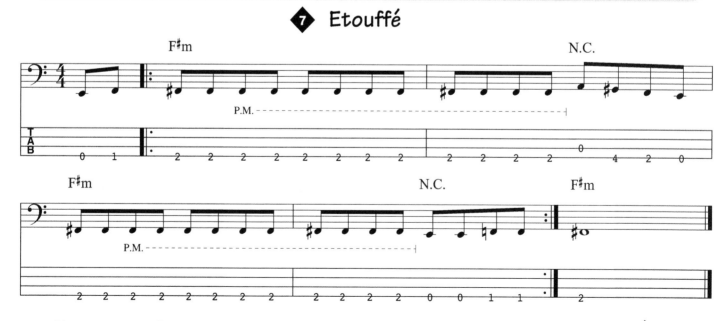

Le symbole « P.M. » sous les notes (entre la portée et la TAB) vient de l'anglais « Palm Muting » qui signifie **étouffer les cordes**. Cela consiste à se servir de la paume (ou la tranche) de la main droite pour rendre ces cordes « muettes ». Si c'est fait correctement, vous remarquerez un son plus épais, plus percutant.

REMARQUE : Cette technique de cordes étouffées est particulièrement adaptée aux bassistes qui utilisent un médiator.

❼ Etouffé

Nous verrons d'autres variations de style de jeu dans la suite du livre, mais NE BRÛLEZ PAS LES ÉTAPES !

LEÇON 2
Retour à l'essentiel...

Revoyons rapidement la position des notes apprises dans le Volume 1 (et ajoutons quelques touches de finition)...

Rappel de la Première Position

La partie du manche comprise entre le sillet et la 4ème frette est appelée **première position**. Le diagramme et les portées qui figurent ci-dessous répertorient toutes les notes de cette zone du manche.

Sol	Sol♯/Lab	La	La♯/Sib	Si
Ré	Ré♯/Mib	Mi	Fa	Fa♯/Solb
La	La♯/Sib	Si	Do	Do♯/Réb
Mi	Fa	Fa♯/Solb	Sol	Sol♯/Lab

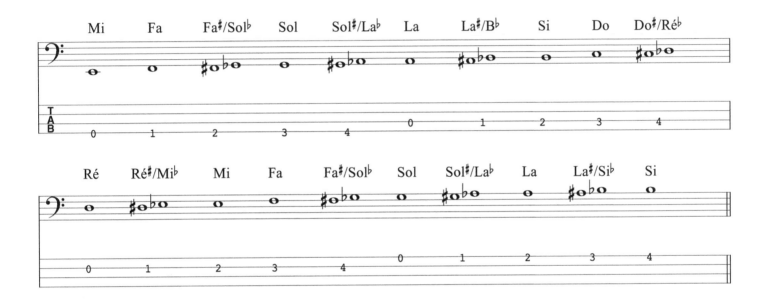

IMPORTANT : Certaines notes peuvent avoir des noms différents mais occuper la même case (Fa♯ et Solb par exemple). On les appelle des **notes enharmoniques**. On emploie indifféremment l'un ou l'autre nom.

Essayons quelques lignes de basse qui utilisent les notes de la première position...

⬧8 Blues-Rock

En voici quelques autres en première position...

⑨ Hymne Rock

REMARQUE : La prochaine chanson a une **1ère** et une **2ème fin** (signalées par des crochets et les chiffres « 1 » et « 2 »). Jouez la chanson une fois jusqu'au signe de reprise (1ère fin), puis répétez à partir de la mesure 2. Au deuxième passage, sautez la 1ère fin et jouez la 2ème (dernière) fin.

⑩ Hey, Jim

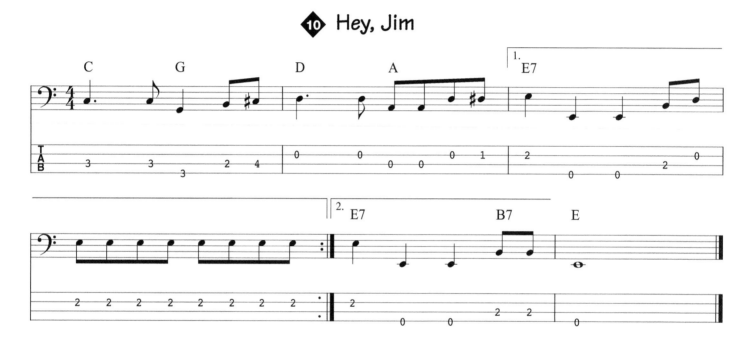

Ne vous souciez pas des symboles d'accord qui vous sont inconnus – nous verrons certains d'entre eux un peu plus tard. Votre principal souci pour l'instant reste les notes.

⑪ All That Jazz

UN PEU PLUS VITE MAINTENANT

Que faire si vous avez envie de jouer plus vite que des croches mais avec le même tempo ? Bienvenue dans le monde des doubles-croches.

Les doubles-croches

Elles portent deux fanions ou une double barre horizontale :

L'équivalent silencieux d'une double-croche s'appelle un quart de soupir et ressemble au demi-soupir mais avec (vous l'aviez compris) deux fanions :

Beurk, encore des maths...

Deux doubles-croches sont égales à une croche, et quatre doubles-croches sont égales à une noire. Voici un diagramme montrant la relation entre les différentes valeurs rythmiques que vous avez apprises :

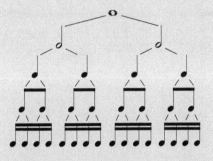

Pour compter les doubles-croches, continuez de découper le temps en comptant « qua-tre dou-bles, qua-tre dou-bles, qua-tre dou-bles,... » :

qua-tre dou-bles, qua-tre dou-bles, qua-tre dou-bles, qua-tre dou-bles,

Ecoutez le morceau n° 12 sur le CD (avec des clicks réguliers sur chaque noire) pour entendre ce nouveau rythme plus rapide.

⓬ Toujours plus Vite

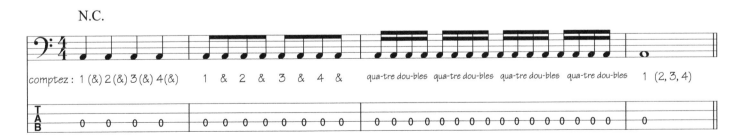

Essayez de le jouer maintenant. N'oubliez pas de jouer doucement au début et de n'accélérer le tempo qu'une fois que vous êtes à l'aise avec l'exercice.

C'est un peu dur de suivre avec la main droite, non ? SOLUTION DE FACILITÉ : alternez vos coups de médiator vers le bas (⊓) et vers le haut (V), ou bien utilisez alternativement vos doigts 1 et 2.

⑬ Joli Costume

⑭ Comme une Machine

Vous rencontrerez souvent deux doubles-croches rattachées à une croche, comme dans le morceau n° 15 :

⑮ A Bord du Bus

Nous vous encourageons à faire des pauses régulièrement.
Prenez cinq minutes et on se retrouve pour la Leçon 3.

LEÇON 3
Pour obtenir la tonalité...

La **tonalité** d'une chanson est déterminée par la gamme utilisée pour créer cette chanson. Par exemple, une chanson basée sur la gamme de Do majeur est dite en **tonalité de Do**. Nous avons déjà abordé les gammes dans le volume 1, alors essayons de voir plus précisément comment gammes et tonalités s'articulent entre elles...

Les dièses et les bémols sont inévitables...

La plupart des gammes contiennent des dièses ou des bémols qui dépendent de la note fondamentale utilisée. (Il y a deux exceptions : **Do majeur** et **La mineur** n'ont ni dièse ni bémol.) Comme gammes et tonalités sont liées, une tonalité aura le même nombre de dièses et de bémols que la gamme correspondante.

L'armature

On se sert d'une **armature** au début de chaque ligne de musique pour indiquer deux choses importantes :

 Les notes à jouer en dièse ou en bémol tout au long du morceau

 La tonalité du morceau

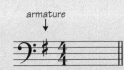

Par exemple, la tonalité de Sol contient un Fa♯, son armature aura donc un dièse sur la ligne Fa. Cela vous indique qu'il faut jouer chaque Fa comme s'il s'agissait d'un Fa♯ (à moins bien sûr qu'il ne soit précédé d'un bécarre : ♮).

Voici quelques gammes et tonalités courantes...

Tonalité de Do

Basée sur la gamme de Do majeur, qui ne possède ni dièse ni bémol :

16 Slow

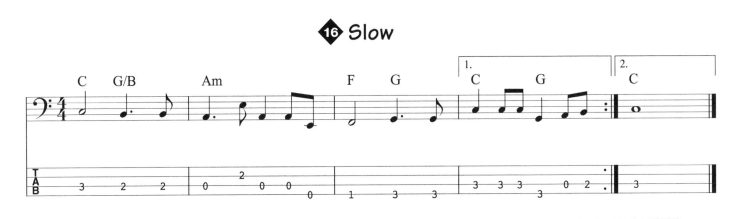

REMARQUE : Comme la tonalité de Do majeur ne possède aucun dièse ou bémol, c'est comme si elle n'avait pas d'armature.

Tonalité de Sol

Basée sur la gamme de Sol majeur, qui possède un dièse – Fa# :

🔷17 Jam en Sol

Tonalité de Fa

Basée (vous l'aviez deviné !) sur la gamme de Fa majeur, qui possède un bémol – Si♭ :

🔷18 Groove Jamaïquain

Et puis zut – en voici une de plus...

Tonalité de Ré

Celle-ci a deux dièses (Fa# et Do#) et est basée (vous l'aviez deviné !) sur la gamme de Ré majeur :

🔷19 Pop-Rock

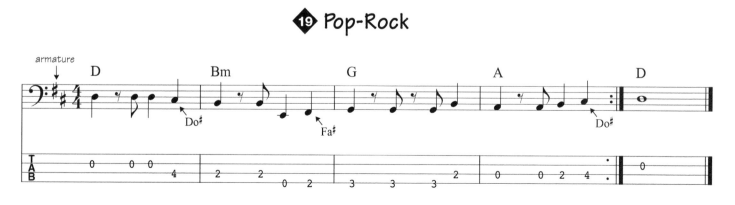

LEÇON 4
Vous avez le blues...

Vous n'avez pas entendu parler du **blues** ? De quelle planète venez-vous ? Le blues existe depuis des lustres et a été rendu célèbre par des musiciens légendaires comme B.B. King, Eric Clapton et Muddy Waters. Le blues est amusant (et facile) à jouer.

Grille d'accords en 12 mesures

Les blues les plus typiques suivent une **grille d'accords en 12 mesures**. Cela ne veut pas dire que la chanson ne dure que douze mesures, mais qu'elle répète plusieurs fois des phrases (ou sections) de 12 mesures.

En général, les morceaux de blues n'utilisent que trois accords : les **premier, quatrième** et **cinquième** accords de la tonalité (indiqués par les chiffres romains I, IV et V). Il est donc important pour un bassiste de connaître les première, quatrième et cinquième notes des gammes correspondant à chaque tonalité. Pour trouver ces trois notes, numérotez la gamme à partir de la fondamentale de la tonalité :

Tonalité	Accord / Degré de la gamme							
	I			**IV**	**V**			
Blues en "Do"	C	D	E	F	G	A	B	C
Blues en "Fa"	F	G	A	B♭	C	D	E	F
Blues en "Sol"	G	A	B	C	D	E	F♯	G
Blues en "Ré"	D	E	F♯	G	A	B	C♯	D

Sélectionnez la piste 20 du CD et écoutez l'exemple suivant de blues en Sol sur 12 mesures. Suivez ensuite les symboles d'accord et accompagnez le morceau avec votre propre ligne de basse...

20 Blues en Sol

IMPORTANT : Notez le nombre de mesures durant lesquelles chaque accord est joué dans un blues à 12 mesures. Voici la progression d'accords la plus courante pour un blues en 12 mesures...

Accord		Mesures
I	=	quatre
IV	=	deux
I	=	deux
V	=	une
IV	=	une
I	=	deux

11

Un petit tour et puis revient...

Les deux dernières mesures d'une progression de blues en 12 mesures sont parfois appelées la **transition,** car elles préparent l'harmonie à être reprise du début. Les musiciens varient souvent leurs mesures de transition, en se servant d'accords différents ou parfois même en composant un riff à cet effet. (Pour vous, c'est un bon moment pour placer quelques quintes ou octaves.)

Les transitions les plus courantes utilisent l'accord V dans la dernière mesure comme dans l'exemple ci-dessous :

21 Riff Blues

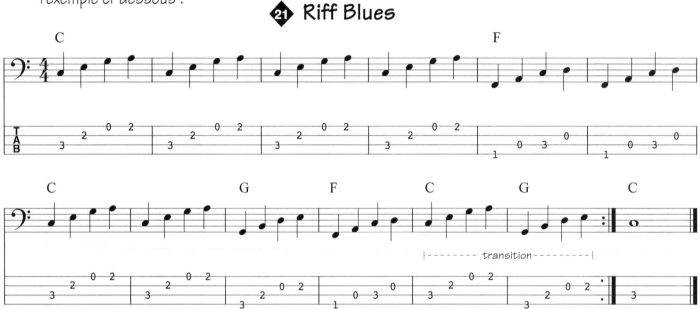

Une autre variation consiste à jouer l'accord IV dans la deuxième mesure. On appelle cela **un changement d'accords rapide,** étant donné qu'on « change » pour le IV et qu'on revient « rapidement » au I à la mesure suivante.

22 Le Blues du Changement

QUESTION DE FEELING...

L'**effet shuffle** (ou « shuffle feel ») est couramment utilisé en rock et en blues. Il fait appel à une nouvelle valeur rythmique appelée **triolet**.

Les triolets

Vous savez déjà que deux croches sont égales à une noire, et quatre croches à une blanche. Eh bien devinez quoi ? Trois croches jouées sur la durée d'un temps (ou d'une noire) forment un **triolet de croches**.

Un triolet de croches est lié par une barre horizontale surmontée du chiffre 3 :

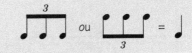

Pour compter un triolet, prononcez simplement le mot « tri-o-let » pendant un temps. Tapez la pulsation du pied et comptez à voix haute en écoutant le morceau n° 23 :

Continuez de taper du pied en écoutant et en lisant la prochaine ligne de basse :

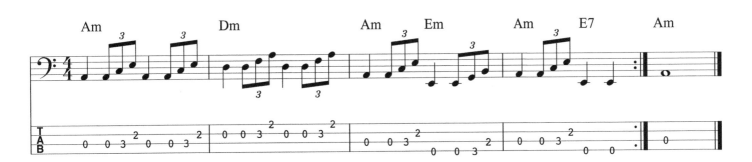

Jouez maintenant le morceau vous-même. Continuez de penser « tri-o-let, tri-o-let, tri-o-let » en tapant la pulsation du pied...

 Vous pouvez également employer le mot « cho-co-lat » pour vous aider à compter les triolets. (Bien sûr, vous risquez d'avoir un petit creux après avoir compté pendant une longue chanson !)

Les triolets peuvent également inclure des demi-soupirs. Le plus courant est d'avoir un demi-soupir au milieu d'un triolet (entre deux croches) :

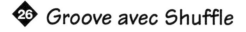

L'effet shuffle donne de l'entrain et de la vigueur au morceau en faisant « rebondir » le rythme. Une fois que vous l'aurez maîtrisé, vous ne l'oublierez plus...

26 Groove avec Shuffle

On dit que tout est plus grand au Texas, alors pour le prochain morceau... MONTEZ LE SON !

27 Texas Blues

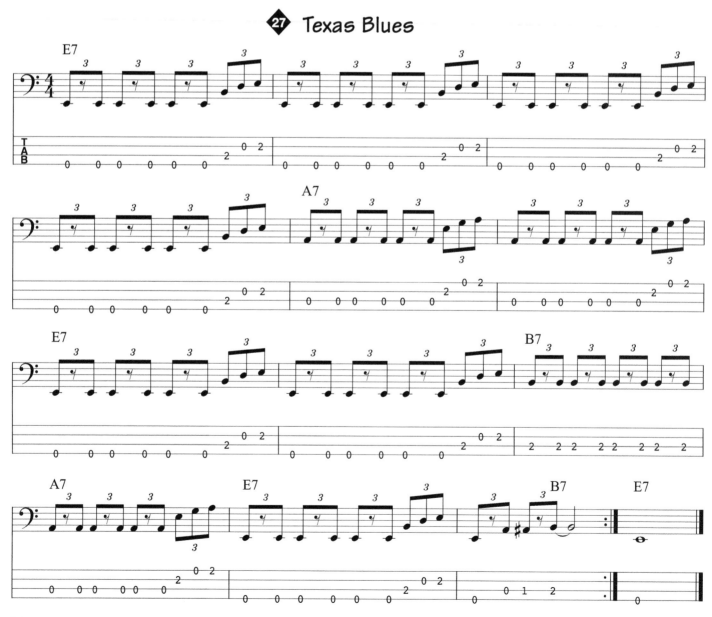

3/4, 4/4, 12/8 ?

Jusqu'à présent, vous avez joué avec un chiffrage dans lequel un temps valait une noire. Passons à autre chose (à bas la routine !) :

12 battements par mesure
une croche (1/8 de ronde) = un battement

Dans une mesure à 12/8, la croche est l'unité de battement servant de référence pour toutes les notes et tous les silences :

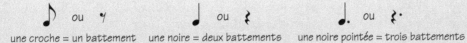

une croche = un battement une noire = deux battements une noire pointée = trois battements

En mesure à 12/8, une croche est égale à un battement et il y a douze battements par mesure. Mais la **pulsation** donne l'impression qu'il y a quatre temps par mesure. Ecoutez en comptant sur le morceau n° 28 pour mieux comprendre :

comptez :   1   2   3,   4   5   6   (7 8)   9,   10   11   12

Essayez maintenant quelques lignes de basse avec votre nouvelle mesure...

ÉCOUTEZ ET COMPAREZ : La sensation rythmique du morceau n° 30 est la même que celle du morceau n° 27 (page précédente). Cela vient du fait que la mesure à 12/8 est divisée en groupes de trois croches, à l'instar des triolets de la mesure à 4/4.

LEÇON 5
Un peu plus haut...

Dans la Leçon 2, nous avons revu toutes les notes de la première position. Bien sûr, on ne peut pas jouer toutes les chansons sans jamais dépasser la 4ème frette, alors apprenons quelques notes plus aiguës...

Cinquième Position

Pour jouer des notes au-delà de la quatrième case, il vous faut glisser jusqu'en **cinquième position**, ainsi nommée car vous allez sur la **cinquième** case.

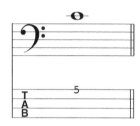

Do case 5 Faites glisser votre main le long du manche et posez le doigt 1 sur la case 5 pour jouer un Do aigu.

REMARQUE : Pour vous aider à trouver cette position rapidement, vous remarquerez qu'il y a une petite pastille de couleur claire au milieu de la case 5 sur le manche de votre basse. C'est plus facile que de compter, n'est-ce pas ?

Prenez maintenant quelques minutes pour examiner le diagramme et l'exercice ci-dessous. Prenez le temps d'apprendre à localiser les notes tant sur le manche que sur la portée. (Dites à vos doigts ce que vous êtes en train de jouer – dites à voix haute le nom des notes au moment où vous les jouez.)

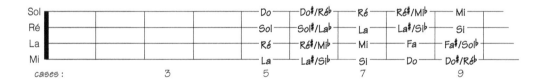

31 Montée Chromatique en Cinquième Position

Pas si vite – reprenez cet exercice encore une fois !

Pour mieux vous familiariser avec cette nouvelle position, faites ces quelques gammes...

32 Gamme de Do Majeur

33 Gamme de La Mineur

Les gammes sont de bons exercices, mais les riffs sonnent tellement bien à cet endroit du manche...

34 Water Chestnut

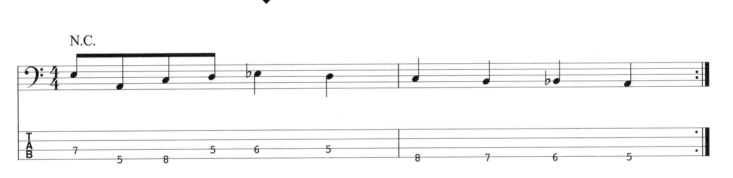

Dans le morceau suivant, vous jouez une corde à vide (Mi grave) pendant que votre main gauche reste en cinquième position pour le reste du riff :

35 Zodiak

Allez-y doucement et sans vous prendre la tête, si vous ne voulez pas vous sentir frustré !

Savoir quand changer...

En règle générale, si vous êtes parti pour jouer des notes aiguës pendant un moment, restez en cinquième position. Les changements de position superflus sont fatigants (pour vos doigts et pour celui qui écoute).

Si une chanson n'a pas de TAB vous montrant les positions adéquates pour la jouer, il est bon de la survoler avant et de marquer les endroits appropriés pour changer de position. Les musiciens emploient souvent des chiffres romains (I et V) pour marquer ces emplacements – en fait, nous faisons la même chose...

36 Roi de Pique

Les cordes grincent...

Vous entendez peut-être votre main faire crisser les cordes au moment où vous changez de position. Ne vous en inquiétez pas. En fait, vous remarquerez qu'on retrouve ce grincement de corde dans presque tous les enregistrements de basse. (Mais n'attrapez pas d'ampoule – relâchez la pression de votre main gauche quand vous passez d'une position à une autre.)

Faites une pause – appelez un ami et faites-lui apprendre un autre instrument de la série **FastTrack**™. Mais ne composez pas le numéro trop vite... vous êtes supposé laisser vos doigts se reposer !

LEÇON 6
Même position, notes différentes...

Pour pouvoir créer vos propres lignes de basse, vous devez en apprendre davantage sur les accords - quelle note est apparentée à quel accord... et pourquoi !

Le principe...

En général, guitaristes et claviers jouent les accords d'une chanson. Les bassistes ne jouent (normalement) pas d'accords – ils jouent plutôt les notes d'un accord les unes après les autres. On appelle ça un **arpège**.

Chaque arpège que vous jouez est **transposable**. C'est-à-dire que vous pouvez utiliser la même position de la main et jouer à différents endroits du manche pour accommoder n'importe quel accord ou tonalité. Le diagramme de manche ci-dessous vous donne toutes les notes des douze premières cases des cordes 3 et 4 :

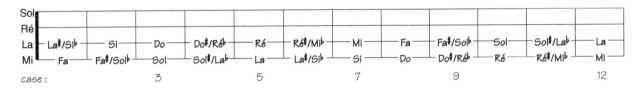

Apprenons quelques positions et prouvons qu'elles sont bien transposables...

Position d'Octave

La position la plus importante à connaître est celle de l'octave (qui se trouve comme vous le savez huit notes plus haut ou plus bas que la fondamentale). Chaque note possède une octave supérieure ou inférieure (ou les deux).

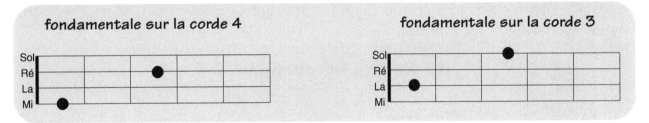

Appliquez maintenant la **théorie de la transposition**. Repérez le Do sur la corde 4 ou 3 et appliquez la position correspondante décrite ci-dessus. Jouez chaque note de la position (une octave de Do). Faites glisser la position de deux frettes vers les aigus jusqu'au Ré et jouez les deux notes (une octave de Ré). Appliquez maintenant ce principe à une ligne de basse :

37 Octave Facile

Position d'Accord Majeur

Les accords majeurs contiennent la **fondamentale**, la **tierce** et la **quinte** de la gamme majeure :

(Do)— Ré —(Mi)— Fa —(Sol)— La — Si — Do

Sur le manche, ces notes forment votre seconde position d'arpège transposable...

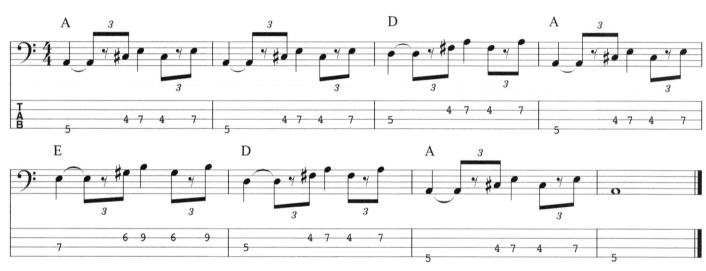

Essayons quelques lignes de basse courantes qui utilisent la position d'arpège d'accord majeur.

◆38 Standard des Années 50

Ajoutez maintenant la position d'octave...

◆39 Rock à Mi-chemin

Essayez des arpèges sur d'autres accords majeurs. Trouvez simplement la position et faites glisser votre main le long du manche jusqu'à la fondamentale désirée – Fa, Fa♯, Si♭, Ré, etc.

20

Position d'Accord Mineur

Les accords mineurs contiennent la **fondamentale,** la **tierce mineure** et la **quinte** de la gamme majeure :

Gamme majeure :   Do—Ré—Mi—Fa—Sol—La—Si—Do

Arpège d'accord mineur : Do—Mi♭—Sol

...ce qui donne la position suivante sur le manche :

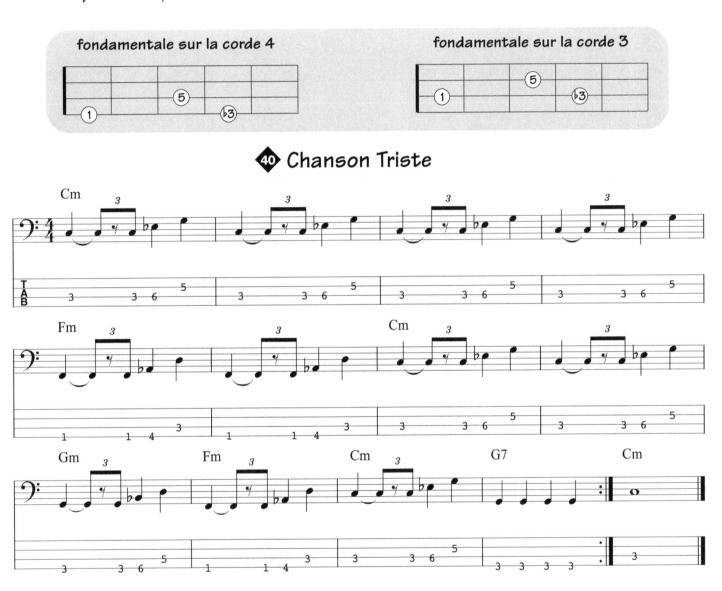

40 Chanson Triste

Le prochain morceau utilise la quinte de l'accord Dm (la note La) dans ses deux positions d'octave...

41 Groove Latin

Encore...

Voici encore quelques positions transposables. Elles ne sont pas vraiment spécifiques à un type d'accord en particulier – c'est juste qu'elles sonnent bien ! Notez la structure de chacune et gardez-les à portée de main dans votre « boîte à idées » lorsque vous élaborez vos propres accompagnements à la basse...

Easy Groovin'

Emballez, C'est Pesé

Rock 'n' Roll

Pousse-toi !

C'est le moment de faire une nouvelle pause ! Vous l'avez méritée (tout comme vos pauvres doigts). Le tricot est une activité déconseillée pendant cette pause !

LEÇON 7

Faire équipe avec le batteur...

Une part importante du rôle d'un bon bassiste est d'écouter (et parfois d'accompagner) le batteur. Vous formez à vous deux la base de la **section rythmique**, et c'est à vous de poser un fondement rythmique solide et bien ajusté pour le reste du groupe.

Avec la Grosse Caisse

Se concentrer sur la grosse caisse est un bon moyen de commencer. Le morceau n° 46 propose un style de ballade ordinaire. Remarquez comme la basse et la grosse caisse mettent en relief un motif rythmique similaire :

46 Suivez cette Grosse Caisse

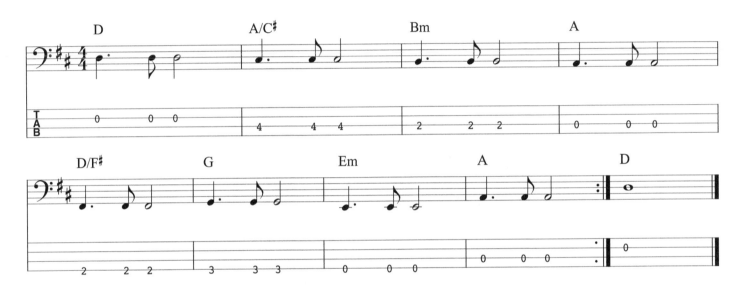

Essayez maintenant la même chose mais avec un tempo rock plus rapide...

47 Pied au Plancher !

Rejouez-le en y substituant quelques octaves.

Beaucoup de bassistes jouent la quinte de l'accord en même temps que le batteur frappe la caisse claire. Ecoutez le morceau n° 48 avant de le jouer vous-même...

48 Le B.A.-BA de la Ballade

Remarquez le motif transposable de la prochaine ligne de basse – encore un à conserver dans votre « boîte à idées » !

49 Basse Ostinato

Ce n'est pas tout...

Explorez d'autres manières de jouer avec le batteur. Par exemple :

 1 Jouez un saut d'octave chaque fois que le batteur frappe la cymbale crash.

2 Jouez des croches pour accompagner le charleston ou la cymbale ride.

3 Arrêtez-vous de jouer ! Vous avez bien lu : ne jouez rien quand le batteur frappe la caisse claire.

L'anticipation est un autre type de syncope. Elle apparaît lorsque le groupe (tous ensemble, pas séparément) joue un changement d'accords juste avant un temps frappé. En d'autres termes, « l'impact » de l'accord est déplacé vers le temps faible qui précède – l'accord est anticipé.

Le morceau n° 50 en est un bon exemple. Soyez particulièrement attentif au temps 4 des mesures 1 et 3. On dirait que le temps 1 de la mesure suivante est joué en avance...

50 Rattrapez le Temps (Perdu)

51 Sans Attendre

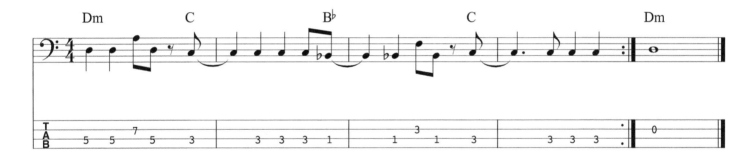

En parlant d'anticipation – prévoyez d'acheter le **deuxième Songbook FastTrack™ pour Basse**. C'est bourré de tubes tels que « Back in the U.S.S.R. », « Born to be Wild » et « Layla ».

LEÇON 8

Développez votre style...

Vous avez fait preuve de tant de patience en apprenant vos notes, gammes et positions, que le moment est maintenant venu d'expérimenter et d'apprendre quelques « ficelles du métier » – quelques **techniques de liaison** dont vous avez probablement entendu parler mais que vous ne maîtrisez pas.

Les techniques de liaison (ou de « legato » si vous préférez l'italien) vous permettent de jouer plus qu'une note pour chaque coup de médiator. En d'autres termes, vous pourrez attaquer une fois la corde et « enchaîner » deux ou plusieurs notes pour obtenir un son coulant. Voici un florilège des techniques les plus courantes...

Slide (ou glissé)

Ça ressemble à ça :

Comme son nom l'indique – jouez la première note en pinçant la corde, puis jouez la seconde note en faisant glisser le même doigt sur cette même corde. (La seconde note n'est pas jouée avec la main droite !)

Essayez maintenant des slides dans quelques riffs...

52 Touché Glissé

53 Mon Groove

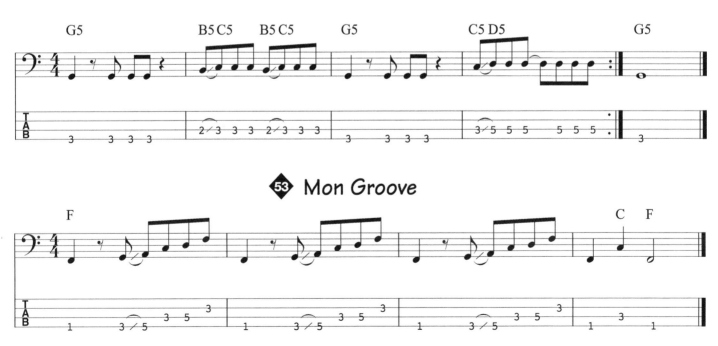

Cela va vous prendre un peu de temps pour attraper le coup, alors ne soyez pas trop dur avec vous-même.

Essayez maintenant un slide plus long...

🔷54 Wild Slide

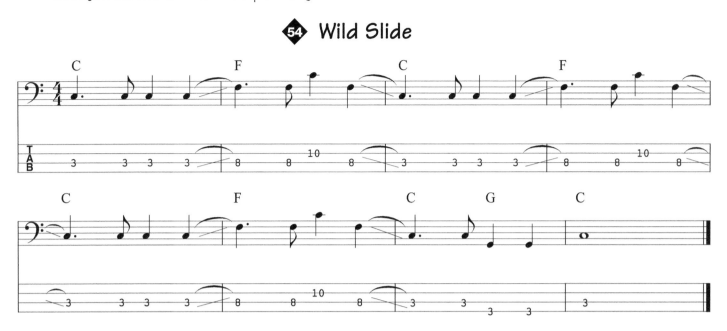

Les slides sont parfois simplement signalés par un trait court avant ou après la note. Cela vous indique également la direction du slide (montant ou descendant) depuis ou jusqu'à une certaine note, mais la longueur du slide n'est pas exacte. Habituellement, cela signifie qu'il faut glisser sur une ou deux frettes.

🔷55 Faites Glisser !

Anacrouse et slide

Un très bel effet consiste à se servir d'un slide comme anacrouse au début d'une chanson. Commencez par exemple une quinte au-dessus de votre première note de la chanson et glissez dans la note un temps avant la chanson (comme s'il y avait une anacrouse d'un temps). Comptez « 1, 2, 3, slide » et jouez la chanson. Le morceau n° 56 en est un bon exemple :

🔷56 Anacrouse Glissée

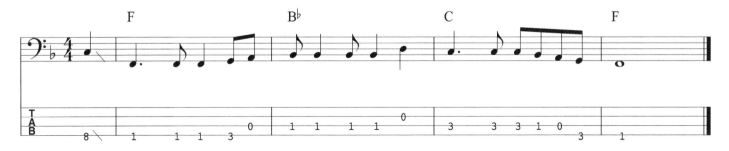

Ça ressemble à ça :

« Hammer-on » signifie « donner un coup de marteau sur » : la première note est pincée et on se sert ensuite d'un autre doigt comme d'un marteau pour appuyer sur la seconde note (plus aiguë), toujours sur la même corde.

REMARQUE : Vous ne pouvez utiliser la technique du hammer-on que d'une note grave vers une note aiguë.

CONSEIL : Si vous cognez trop fort, vous allez avoir mal au bout des doigts ; si vous ne martelez pas assez fort, vous n'entendrez rien. Entraînez-vous jusqu'à ce que vous ayez pris le coup de main.

57 Hammer Jam

58 Effroyable

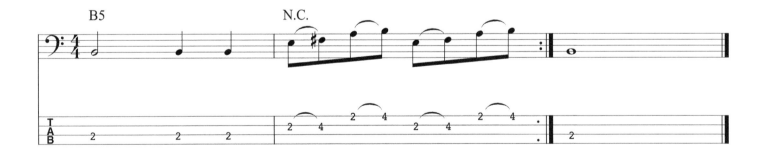

28

Pull-off

Ça ressemble à ça :

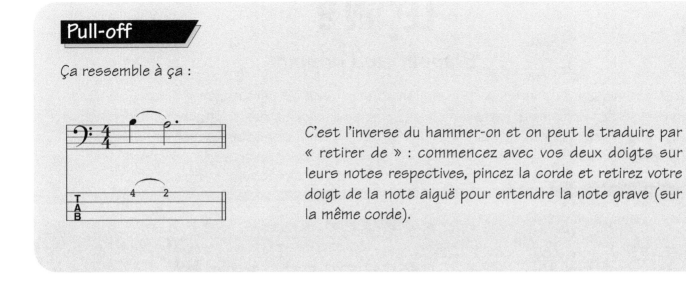

C'est l'inverse du hammer-on et on peut le traduire par « retirer de » : commencez avec vos deux doigts sur leurs notes respectives, pincez la corde et retirez votre doigt de la note aiguë pour entendre la note grave (sur la même corde).

Mettez ça en pratique dans ce court riff...

59 Posez et Soulevez

60 Groove Enlevé

REMARQUE : C'est peut-être l'opposé direct du hammer-on, mais c'est une technique complètement différente. Soyez patient et veillez à bien la travailler.

LEÇON 9

Slappin' and poppin'

Les techniques du slap et du pop confèrent une « énergie percutante » à votre jeu (vous parliez d'accompagner le batteur ?). Funk, pop, soul, rock et fusion utilisent tous le « **slap and pop** » pour donner un peu de piment au son et au groove. Vous aussi, vous pouvez les utiliser...

Slap

...ressemble à ça :

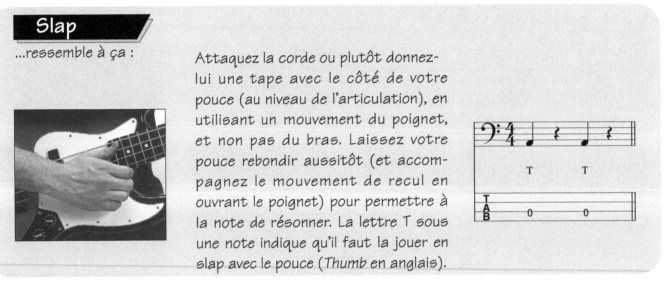

Attaquez la corde ou plutôt donnez-lui une tape avec le côté de votre pouce (au niveau de l'articulation), en utilisant un mouvement du poignet, et non pas du bras. Laissez votre pouce rebondir aussitôt (et accompagnez le mouvement de recul en ouvrant le poignet) pour permettre à la note de résonner. La lettre T sous une note indique qu'il faut la jouer en slap avec le pouce (*Thumb* en anglais).

☞ CONSEIL : Comme le montre la photo ci-dessus, frappez la corde tout en haut du manche.

Pour vous mettre en appétit, entraînez-vous à jouer des noires en slap sur les cordes à vide :

❻❶ Coups de Pouce

❻❷ Manche à Claques

Ne soyez pas frustré. Obtenir un bon son de slap demande beaucoup de patience.

63 Funky

Le prochain morceau combine slaps du pouce et notes jouées normalement avec les doigts.

64 Tournez les Pouces

 **Pop**

...ressemble à ça :

Faites claquer la corde en l'éloignant du manche avec votre index ou votre majeur. C'est un autre son rêche et percutant. Une fois relâchée, la corde va rebondir naturellement contre le corps de la basse et résonner. La lettre P (pour *Pop*) sous une note indique qu'il faut utiliser cette technique.

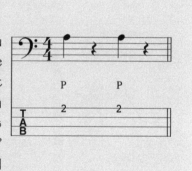

☞ CONSEIL : Gardez les doigts de votre main droite pliés et en position pour tirer. De même, utilisez un mouvement du poignet et non du bras pour tirer la corde.

65 Biff, Bang, Pop

Voici trois exemples qui combinent slap & pop (ne vous faites pas mal !)...

66 Pop à l'Octave

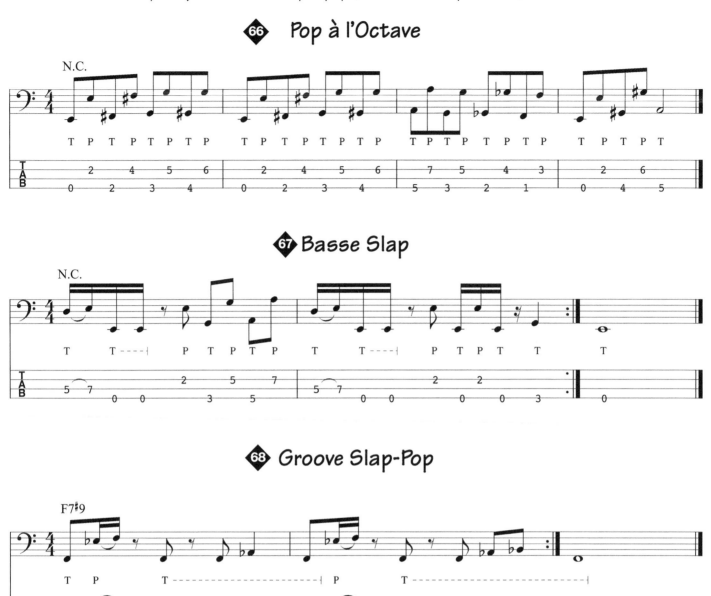

67 Basse Slap

68 Groove Slap-Pop

A manier avec précaution...

Si vous n'avez pas encore mis le doigt dessus, voici trois précautions à prendre :

 Ne tapez pas trop fort pour vos slaps – les cordes de basse sont plus dures que la peau de votre pouce !

 Ne tirez pas trop fort pour vos pops – vous allez devoir aller au magasin acheter une nouvelle corde !

 Ne tapez pas les autres membres du groupe !

> Après tout ce « slapping » et ce « popping », vous risquez de vous sentir un peu énervé... Il est grand temps de faire une nouvelle pause !

LEÇON 10

A chacun son style !

La façon dont vous jouez est aussi (si ce n'est plus) importante que ce que vous jouez. Dans cette leçon, nous allons vous présenter quelques styles courants que l'on retrouve dans la musique d'aujourd'hui. Vous pouvez appliquer ces styles à pratiquement n'importe quelle chanson.

Alors que nous présentons chaque style, remarquez comme les éléments musicaux suivants changent :

 1 Les progressions d'accords

2 Le groove

3 Le choix des notes

Rock 'n' Roll

La musique rock existe sous différentes formes – rock classique, blues-rock, pop-rock, hard-rock, heavy-metal. Ses origines remontent aux années 1950 et aux légendaires Elvis Presley, Jerry Lee Lewis, et autres Beatles. Le morceau n° 69 est un exemple de rock'n'roll des années 1950. Ecoutez puis jouez avec :

69 Standard Rock

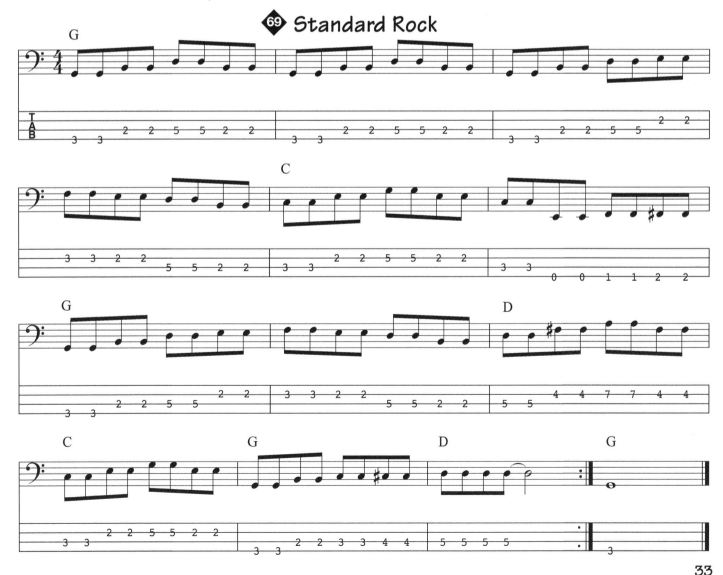

Au fil des décennies, le rock a évolué vers un son plus dur que l'on retrouve dans la musique de Led Zeppelin, Van Halen ou Metallica. Les exemples suivants imitent les styles hard-rock et heavy-metal :

70 Dur Comme un Rock

71 Dark Metal

72 Glam Rock

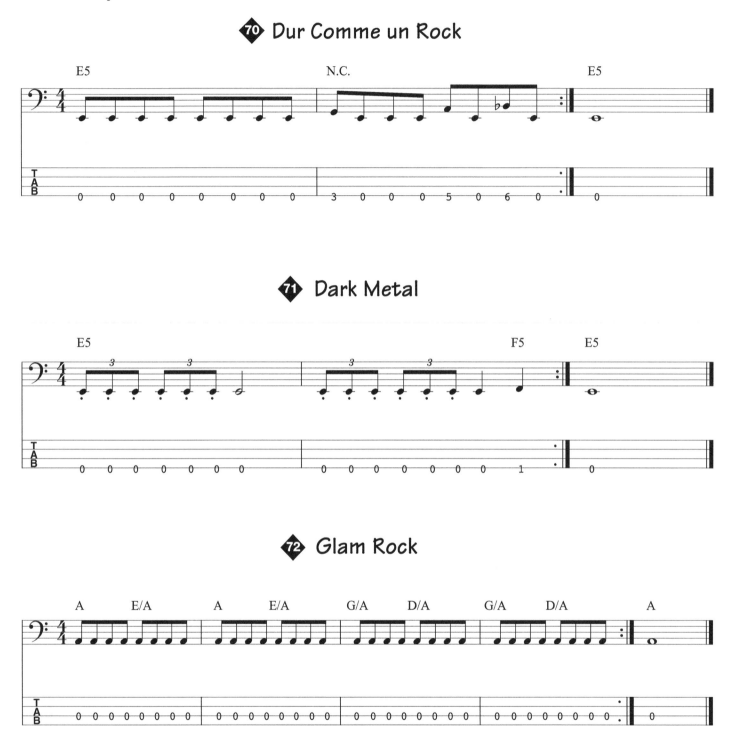

La musique pop (abréviation anglaise de « populaire ») couvre un spectre très large. Parfois appelé « Variété », ce style est celui d'artistes tels que Whitney Houston, Sting ou Mariah Carey. C'est un style habituellement très mélodique qui utilise des progressions d'accords courantes comme les exemples qui suivent :

73 La Ballade du Top 50

74 Basse Pop-Rock

Dans les années 1990, un nouveau style de musique rock a été rendu populaire par des groupes comme Nirvana, Pearl Jam et Soundgarden. Le rock alternatif (ou « grunge ») ne possède vraiment aucune règle en ce qui concerne les progressions d'accords ou le rythme – on y trouve de tout ! Toutefois, les exemples suivants sont des plans alternatifs courants :

75 Déchiré

76 Juste une Tranche

R&B est l'abréviation de « Rhythm & Blues ». On l'appelle aussi parfois « Soul ». Vous rencontrerez ce style dans la musique de Stevie Wonder, Marvin Gaye, The Temptations et bien d'autres.

Motown Groove

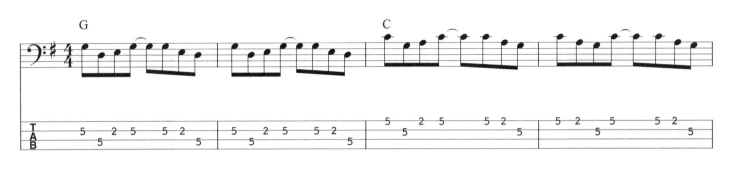

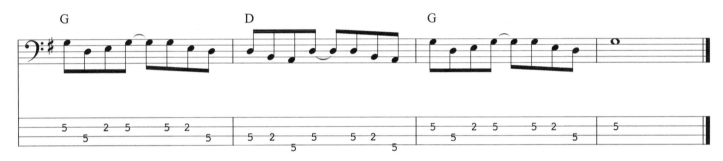

Basse R&B

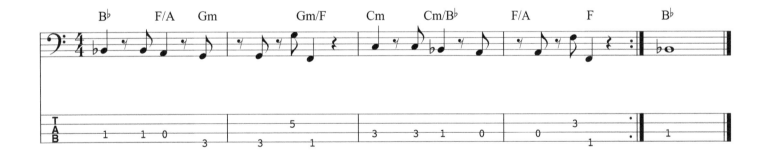

Le reggae est né dans la petite île de la Jamaïque. Ce style musical unique, joué par des légendes comme Bob Marley ou Jimmy Cliff, a influencé la musique à travers le monde entier.

Remarquez le rythme caractéristique utilisé en reggae – les temps 2 et 4 sont accentués :

79 Sous le Soleil de Babylone

80 Jamaican Me Crazy

Funk

Le style funk se retrouve un peu partout depuis le R&B jusqu'à la pop. Vous avez entendu parler de James Brown, Prince, Rick James et des Red Hot Chili Peppers, n'est-ce pas ? Ils ont tous utilisé le style funk. Ecoutez plusieurs fois les deux morceaux qui suivent jusqu'à ce que vous ressentiez ce « funky feeling »...

REMARQUE : Les **croches pointées** sont souvent rattachées à une double-croche. Rappelez-vous, le point rajoute la moitié de la valeur, donc une croche pointée est égale à la durée de trois doubles-croches. Ce rythme est très répandu en funk.

81 Get Funky

82 Staccato Funk

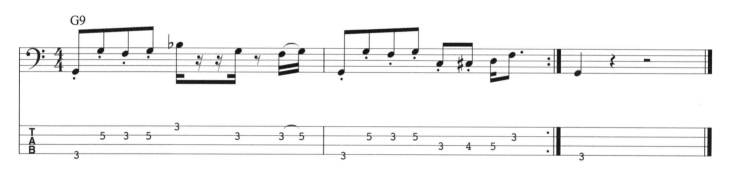

Le prochain morceau contient quelques hammer-ons et intervalles de grande amplitude – allez - y doucement au début !

83 Slap Funk

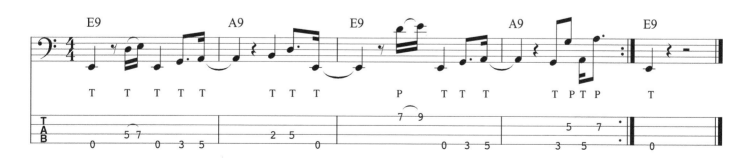

Pur produit de l'Amérique, le jazz contient de l'improvisation, des harmonies d'accords complexes et un assortiment de rythmes. Des musiciens tels que Duke Ellington, Charlie Parker et Miles Davis ont tous été influents pour le jazz. Plusieurs variantes sont issues de ce style, dont le swing, le dixieland, le be-bop, le latin-jazz et le jazz-fusion.

Si le jazz est un style très foisonnant, ses variantes partagent néanmoins certains éléments – comme la **walking bass** du morceau n° 84 :

84 ◆ Walk on Over

La bossa nova utilise beaucoup de quintes et d'octaves :

85 ◆ La Basse à Nova ?

N'oublions pas nos amis de Nashville – la country music remonte à une période où le rock'n'roll n'existait pas encore. C'est une forme de musique généralement plus simple et plus décontractée, bien que de nombreux artistes country incorporent aujourd'hui des styles rock dans leur musique.

Remarquez l'emploi fréquent par la basse d'intervalles fondamentale / quinte dans les deux prochains exemples...

86 Country Boy

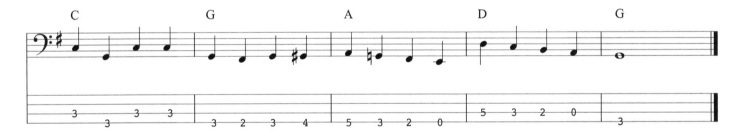

87 Tennessee Rock

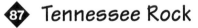

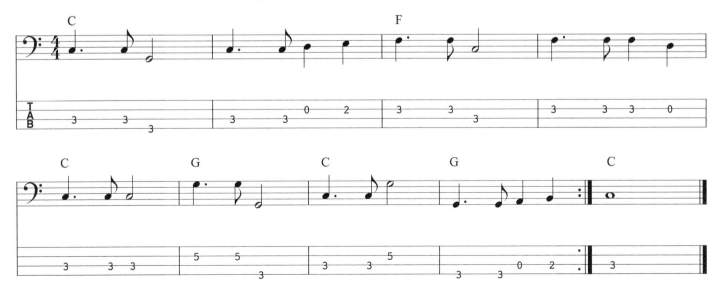

Pensez ce que vous voulez, mais le disco n'est pas mort ! Il est apparu dans les années 1970 mais a refait surface dans les années 1990 en tant qu'influence majeure pour la dance music actuelle. Ce style indéniablement unique incorpore des rythmes rapides et des lignes de basse proches de l'exemple suivant :

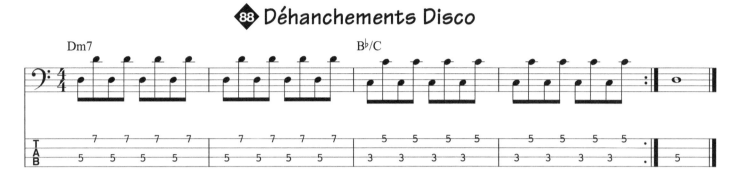

88 Déhanchements Disco

Hip-Hop

Le style hip-hop, un descendant de la musique rap, est fortement influencé par le reggae, le R&B, le funk et (parfois) le rock. Des artistes tels que Snoop Doggy Dogg, TLC, Warren G et bien d'autres ont fait du hip-hop un style musical populaire.

Vous devriez aimer – la ligne de basse est (presque) toujours en avant...

89 Don't Stop Hip-Hop

90 Fous-Moi la Paix !

LEÇON 11

Démarrez votre propre groupe...

Comme dans le volume 1, ce dernier chapitre n'est pas une leçon... c'est votre jam session !

Tous les livres **FastTrack**™ (Guitare, Clavier, Saxophone, Basse et Batterie) ont la même dernière section. De cette manière, vous pouvez soit jouer seul sur le CD, soit former un groupe avec vos amis.

Maintenant, que le groupe soit sur CD ou dans votre garage, que le spectacle commence...

Basement Jam

Félicitations !
Vous êtes prêt pour remplir les stades...

UN CADEAU D'ADIEU

(...c'est le moins qu'on puisse faire !)

Nous espérons que vous allez vous servir de ce livre comme d'une référence, mais comme c'est maintenant devenu la tradition, voici l'« antisèche » qui récapitule toutes les notes et positions d'arpège que vous avez apprises. N'oubliez pas de vous exercer régulièrement !

Les Notes de la Cinquième Position

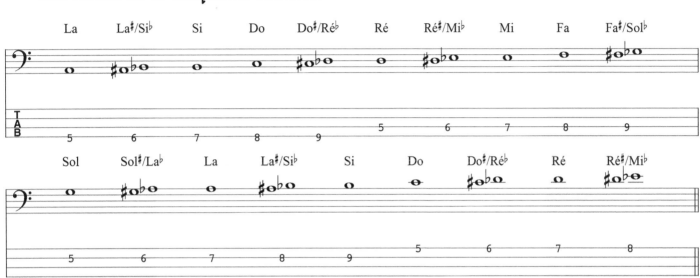

Les Positions d'Arpège Transposables

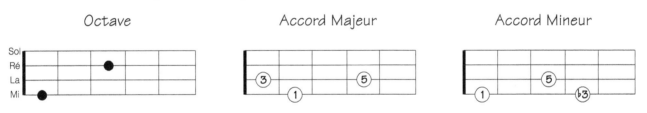

Et maintenant ?

Vous avez appris à maîtriser votre basse en très peu de temps, mais comment aller plus loin ?

 Répéter, répéter... toujours répéter. Continuez d'apprendre en vous exerçant tous les jours.

 Ecoutez le maximum de choses. Allumez votre radio, TV, platine CD, baladeur... tout ce qui émet de la musique ! Apprenez les lignes de basse qui vous plaisent, que se soit à l'oreille ou avec la partition.

 Achetez FastTrack™ Bass Songbooks 1 & 2, contenant les partitions des tubes d'Eric Clapton, d'Elton John, des Beatles et de bien d'autres.

 Faites-vous plaisir. Si vous ne vous faites pas plaisir en jouant, il n'y a pas de raison de continuer.

A bientôt...

INDEX DES CHANSONS
(... il en faut bien un !)